山东省青岛实验初级中学校本教材

LONGFEI FENGWU

龙飞凤舞

ZHONGGUO LONGFENGWENHUA YU MEISHU

中国龙凤文化与美术

主　编　安晓东

副主编　苏美荣　焦方军

中国海洋大学出版社
CHINA OCEAN UNIVERSITY PRESS

致　谢

书中参考使用的部分图片，由于权源不详，无法与著作权人一一取得联系，在此表示由衷的感谢。

图书在版编目（CIP）数据

龙飞凤舞：中国龙凤文化与美术 / 安晓东主编．—青岛：中国海洋大学出版社，2018.9
ISBN 978-7-5670-1426-8

Ⅰ．①龙…　Ⅱ．①安…　Ⅲ．①美术史—中国—初中—教学参考资料　Ⅳ．①G634.955.3

中国版本图书馆CIP数据核字（2018）第297001号

出版发行　中国海洋大学出版社
社　　址　青岛市香港东路23号　　**邮政编码**　266071
出 版 人　杨立敏
网　　址　http://www.ouc-press.com
电子信箱　1193406329@qq.com
订购电话　0532-82032573（传真）
责任编辑　郭周荣　　**电　　话**　0532—85902469
印　　制　青岛国彩印刷有限公司
版　　次　2018年9月第1版
印　　次　2018年9月第1次印刷
成品尺寸　185 mm×260 mm
印　　张　5
字　　数　50千
印　　数　1～1000
定　　价　40.00元

序 言

中华上下五千年文明，龙凤形象已渗透到了社会生活的各个方面，成为一种文化的凝聚和积淀。时至今日，龙已成为中华民族的象征，龙与凤成了中国传统文化的象征。对每一个炎黄子孙来说，龙凤的形象是一种象征符号、一种意绪、一种血肉相连的情感。“龙的子孙”“龙的传人”这些称谓，常令我们激动、奋发、自豪。龙的文化除了在中华大地上传播承继外，还被远渡海外的华人带到世界各地。在世界各国的华人居住区或中国城内，最多和最引人注目的饰物仍然是龙。因而，“龙的传人”“龙的国度”也获得了世界的认同。

作为龙的传人，不能对中国的龙文化一无所知。不了解龙凤文化的渊源与脉络，就无法了解古老的中华文明。因而，追寻认识龙凤文化应当是每一个中国人的必修课程。

目 录

上篇　龙的传人——中国人的精神图腾

中国龙的形象是古人结合了鱼、鳄、蛇、鹰、鹿、牛等动物及云雾、雷电、虹霓等自然天象模糊集合而产生的一种神异动物，至今约有7000年的历史。作为中华民族大融合的参与者和见证物，中国龙的形象也是团结凝聚精神的体现。

喜水、好飞、通天、善变、征瑞、兆祸、威猛，是龙的基本神性。进入阶级社会之后，龙的身上又增加了象征帝王皇权尊贵的特性。现代社会，龙逐渐由神物演变为吉祥物。龙有腾飞、振奋、开拓、变化、非凡能力等寓意，龙的精神，也就是奋发开拓、勇猛前进的精神。

中华大地是龙的故乡、龙的家园。龙文化广泛地渗透到社会生活的各个方面。不管是工艺美术、建筑名胜、歌舞影视，还是岁时节令、婚丧礼仪、服饰冠履，龙都作为重要的组成部分，以盘旋、腾跃、奋飞等多种形式，占据着醒目位置，体现着不可或缺的文化内涵。

二龙戏珠纹石碑

龙纹钮玉玺

天安门前华表上的龙形饰物

太和殿里的龙椅

梁上的龙纹描金彩

墙上的龙纹图案

汉白玉石刻龙雕

门上的铜雕龙纹

龙雕纹样

汉白玉石栏上的龙纹雕刻

门上的描金龙纹木雕装饰

北京故宫，旧称紫禁城，位于北京中轴线的中心，是明清两个朝代的皇宫，也是世界上现存规模最大、保存最为完整的木质结构的宫殿型建筑。1987年被列为世界文化遗产，首批全国重点文物保护单位，国家AAAAA级旅游景区。

北京故宫由明成祖朱棣于永乐四年（1406）开始建设，永乐十八年（1420）建成，曾有24位皇帝在此居住过。故宫被誉为世界五大宫之首（北京故宫、法国凡尔赛宫、英国白金汉宫、美国白宫和俄罗斯克里姆林宫）。由于曾是皇家权利中心，所以故宫存在着大量的龙凤形象，可以说是中国龙凤艺术最多的集聚地。

北京故宫远景

曲阜孔庙的大成殿及其雕龙石柱局部

曲阜孔庙的大成殿高24.8米，阔45.78米，深24.89米，重檐九脊，黄瓦飞甍，周绕回廊，和故宫太和殿、岱庙天贶殿并称为“东方三大殿”。大成殿四周廊下环立28根雕龙石柱，均以整石刻成。柱高5.98米，直径0.81米，承以重层宝装覆莲柱础。前檐的10根为深浮雕，龙柱两两相对，各具变化，无一雷同。雕龙石柱的造型优美生动，雕刻玲珑剔透，刀法刚劲有力，龙姿栩栩如生，是曲阜独有的石刻艺术瑰宝。

北京北海公园九龙壁

中国有三座著名的九龙壁。规模最大、历史最久的一座，在山西省大同市，为明代洪武末年所建；建筑最精、构图最美的一座，建在北京城的古典园林北海公园中，即北海九龙壁；第三座，在故宫的宁寿门前。北海九龙壁是清代乾隆二十一年（1756）所建，距今已有200多年历史，是研究清代琉璃结构建筑的重要史料。

龙壁一般用作建筑物的照壁，多建于皇宫、王府、庙宇门前。既可作院落建筑的屏障，又能烘托建筑物，使其展现出更加肃穆、壮丽的风貌。

沈阳故宫大政殿悬龙柱

故宫龙纹琉璃建筑

台北保安宫龙柱

台湾省台南市鹿耳门天后宫

沈阳故宫是中国仅存的两大宫殿建筑群之一，又称盛京皇宫，为清朝初期的皇宫，始建于后金天命年间，距今近 400 年历史。沈阳故宫占地面积 6 万多平方米，有古建筑 114 座，房屋 500 多间，至今保存完好，是一处包含着丰富历史文化内涵的古代遗址，现在是沈阳故宫博物院所在地。

清顺治十八年（1661），郑成功从鹿耳门登陆收复台湾后，建造了鹿耳门天后宫，距今已有 300 多年的历史，宫内主要供奉妈祖。建筑屋瓦上有许多栩栩如生的雕刻，其中有着诸多龙凤形象。

思考与活动：

祖国的大好河山中有许多历史悠久的文化古迹，说一说你游览过的地方有哪些体现龙文化影响的例子？尝试与大家一起交流你的体验和感受。

美国华盛顿唐人街牌坊

伏羲女娲麻布画

东汉武梁祠伏羲女娲画像石

天水伏羲庙正殿龙纹雕刻

中国上古创世神话中伏羲女娲的人首蟒身传说，既包含了远古初民最朴素的对人类起源的探求，也显示出早期先民对龙图腾的崇拜，是以龙为纽带所转化而来一种联络情感的“工具”，体现出我国从远古至今形成的龙文化情结的深刻影响。

北京古观象台的浑天仪

景泰蓝古地震仪

北京故宫雨花阁建筑屋顶上的铜飞龙雕塑

西藏大昭寺屋顶上的龙雕塑

江南民居墙上的龙雕塑

民间风俗中与龙相关的活动

舞龙最初起源于民间的祈雨习俗。经过长期的传承发展逐渐演变成了喜庆佳节的民俗活动，形成了种类繁多、不同地域风格的造型和舞姿。人们通过舞龙，歌颂辛勤的劳动，赞美智慧和力量，同时表达对生活的美好向往和期盼。

舞龙

今天，舞龙不仅仅是节日的吉庆活动，同时成了民众强身健体的体育项目。舞龙也被列为全国性的正式比赛项目，每年我国都会举办各种不同规模的舞龙大赛。

赛龙舟

赛龙舟是中国端午节最重要的节日民俗活动之一，在中国南方地区普遍存在，北方靠近河湖的城市也有赛龙舟的习俗，而大部分是划旱龙舟、舞龙船的形式。

关于赛龙舟的起源，有祭曹娥、屈原、水神或龙神等不同说法，可追溯至战国时代。赛龙舟先后传入日本、越南及英国等，是2010年广州亚运会正式比赛项目。2011年，赛龙舟经国务院批准，列入第三批国家级非物质文化遗产名录。

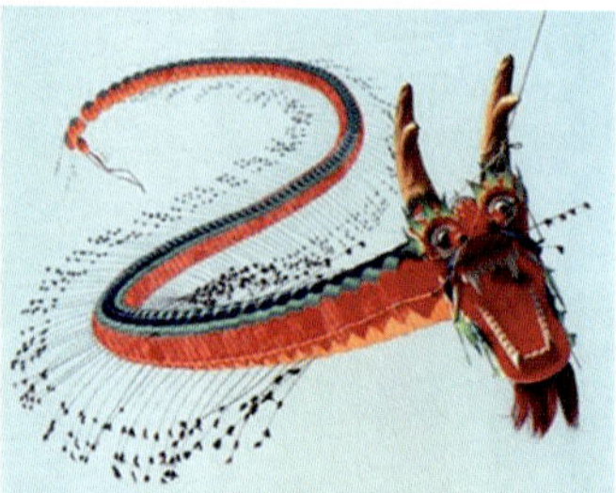
龙形风筝

元宵节灯会中的龙灯

第一章　龙形象的历史演变

第一节　淳朴、拙稚与多元的史前风格

龙纹作为一种具有吉祥意义的装饰纹样出现于新旧石器时代交替的远古时期。这一时期的龙图像比较原始、多元、拙稚。它主要出现在当时的玉器和陶器的造型和装饰图案上，其外形特征较为简洁、抽象。

“龙形堆塑”

龙、虎蚌壳摆塑与人合葬

仰韶文化彩陶细颈壶

龙纹彩陶杯

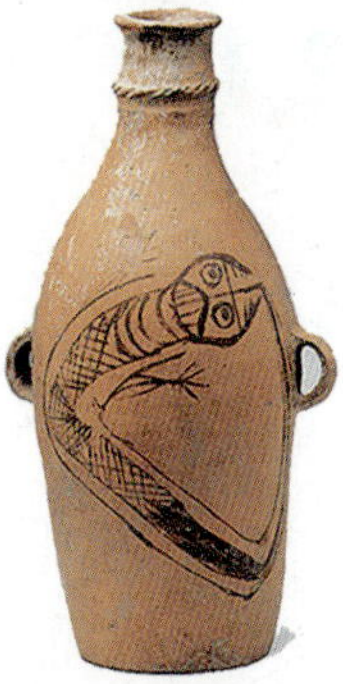

双耳“鲵形龙”彩陶瓶

誉为“中华第一龙陶”的彩绘“蟠龙”盘

河南省洛阳市偃师二里头遗址发现的绿松

我国最早的玉雕龙纹，可以说是出现在新石器时期的红山文化。新石器时期龙纹的特点是龙首长，似马头，吻部前伸，略往上翘，无耳，长角(长鬣)后披，眼睛突起似凤眼，又像梭形眼，也可称菱形眼。整体浑圆，没有棱角；通体为圆柱形，光素无纹，只有点缀的网纹，形制厚实古朴，这是新石器时期的重要风格特征。

辽宁红山文化出土的各种蜷体玉龙

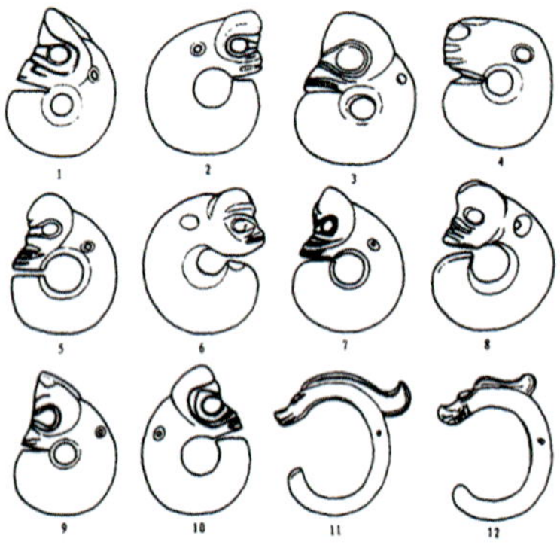

红山文化出土的各种造型的蜷体玉

红山文化发源于内蒙古中南部至东北西部一带，起始于约6000年前的农业文明，是华夏文明最早的文化痕迹之一。

红山文化的社会形态初期处于母系氏族社会的全盛时期，主要社会结构是以女性血缘群体为纽带的部落集团，晚期逐渐向父系氏族过渡。

红山文化是与中原仰韶文化同时期分布在西辽河流域的发达文明，在发展中同中原仰韶文化相交汇产生多元文化，是富有生机和创造力的优秀文明，内涵十分丰富，手工业达到了很高的水平，形成了极具特色的陶器装饰艺术和高度发展的制玉工艺。

距今5500年的C字形玉龙饰被称为“中华第一玉龙”

第二节　神秘古拙的青铜时代龙纹

几千年前，中国先民创造了辉煌发达的青铜文化，这是人类文明史上的一朵奇葩，琳琅满目的青铜器上铸刻了丰富多彩的龙纹。

商周时期的青铜艺术发展迅速并很快达到顶峰，形成了齐全的门类，包括青铜容器、乐器、兵器、车马器、杂器等。那时的青铜器不仅具有实用功能，更是被用作沟通天地人神的祭祀器和标明社会权力等级的礼器。此时期龙纹处在发展的初期，主要装饰在玉器和青铜器上。龙纹可分为虺龙纹、夔龙纹、蟠龙纹、蟠虺纹、饕餮纹等，以独角独足的夔龙纹最为常见。龙纹头部较大，一般都张口露齿，二目圆睁。龙首顶部还设计了如蘑菇状的龙角，短且粗，这是在商代形成的一个突出标志。龙纹的形体大致有爬行龙纹、双体龙纹、卷龙纹、双头龙纹等。

玉龙和穿龙衣的玉人

骨刻人首龙身像纹样

妇好玉龙

匽侯盂上的花冠象鼻龙纹图案

龙虎尊肩部的祖角龙

龙耳簋

颂壶

铜盘上的装饰龙纹

龙纹盉

青铜器上常见的“饕餮”纹

各种造型的青铜酒器

思考与活动：

青铜器是中国古代享誉世界的艺术瑰宝，各种龙纹样是青铜器中常见的装饰题材。选择一款你喜欢的青铜龙纹图案进行临摹学习，感受古人的装饰纹样的造型风格和特点。

第三节　巧思浪漫的春秋战国时期风格

春秋战国是龙纹发展的新时期，龙纹瑰丽多姿，神人蛇龙的浪漫世界开始出现。龙纹作为时常器物的装饰图案失去了往日狞厉的造型特征，庄重的器型有了动态和韵律感。龙纹主题明确，线条流畅，由为神服务的装饰艺术转变为为人服务的艺术作品。龙的吉祥寓意加强，用途增多。这时的龙纹变为肢爪具全的兽形，形象较为写实，奠定了后世的龙形基础。器物上多为卷龙纹，刻画龙身卷曲如蛇体，形象富有张力。

镂空龙凤纹佩

莲鹤方壶

莲鹤方壶是春秋中期青铜制盛酒或盛水器，中国首批禁止出国（境）展览文物之一。

壶身为扁方体，壶的腹部装饰着蟠龙纹，龙角竖立。壶体四面还各装饰有一只神兽，兽角弯曲，肩生双翼，长尾上卷。圈足下有两条卷尾兽，身作鳞纹，头转向外侧，有枝形角。承托壶身的卷尾兽与壶体上装饰的龙、兽向上攀援的动势互相呼应。壶盖被铸造成莲花瓣的形状，一圈肥硕的双层花瓣向四周张开，花瓣上布满镂空的小孔。莲瓣的中央有一个可以活动的小盖，上面有一只仙鹤站在花瓣中央，似乎昂首振翅，正翘首望着远方，造型灵动。

莲鹤方壶是春秋青铜艺苑中的一朵奇葩。它物象众多，杂而不乱，立鹤走兽，动静相辅，雕文刻画，各具神情，开创了新的艺术风格。

曾侯乙尊盘，中国首批禁止出国(境)展览文物之一。1978年在湖北随州市擂鼓墩曾侯乙墓中出土，收藏于湖北省博物馆，是春秋战国时期最复杂、最精美的青铜器件。

曾侯乙尊盘

曾侯乙青铜冰鉴及其龙钮局部

青铜冰鉴，1977年出土于湖北随州市擂鼓墩曾侯乙墓中，是战国时的冰酒器。青铜冰鉴是国家一级文物，现收藏于中国国家博物馆。冰鉴为双层方形器皿，中有方壶，上有镂孔盖，鉴、壶之间可置冰，是我国最早的冰箱。鉴身雕有四足兽、八龙耳，八接檐，蟠螭纹、勾连云纹，上置长柄铜勺。铸造技艺精湛，失蜡、镶嵌、镂雕、浮雕俱全。四面和四棱上有八个拱曲的龙形耳钮，钮尾均有小龙缠绕，又有两朵五瓣小花立于尾上。外观新颖别致，奇特精美，冷热藏酒，功能兼备。

龙纹青铜簋

错金银四龙四凤方案

各种龙纹玉佩

人物御龙帛画

帛画是中国古代画种，因画在帛上而得名。帛是一种质地为白色的丝织品，在其上用笔墨和色彩描绘人物、走兽、飞鸟及神灵、异兽等形象的图画，约兴起于战国时期，至西汉发展到高峰。

出土于战国晚期楚墓的帛画，可以说是中国最早的具有独立意义的完整的绘画作品。

人物龙凤帛画

湖南省博物馆收藏的战国“人物御龙”和“人物龙凤”两幅帛画，是世界上最早的丝织物绘画，被考证为是随葬的“铭旌”，具有送死者灵魂升天的含意，表达了楚文化中简朴的道家思想。帛画中的龙被赋予非凡神力，成为沟通阴阳两界的使者。

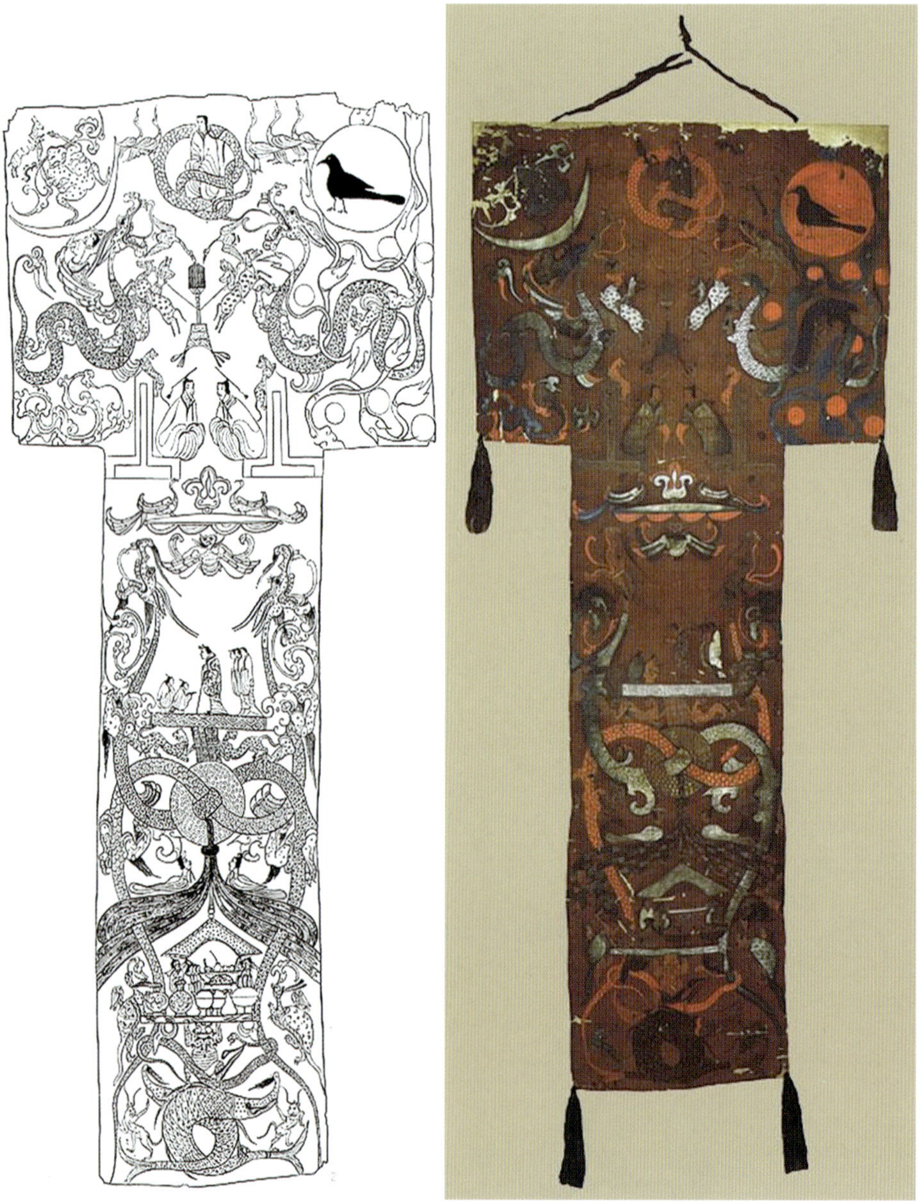

马王堆一号汉墓出土T型帛画

第四节　气势恢宏的秦汉时期龙纹

秦汉时期，特别是两汉时期，是我国封建社会的兴盛时期，装饰画蓬勃发展，画风深沉雄厚，气势磅礴。这时的龙纹也变得神光异彩，千姿百态。此时龙的形象是头似牛首，有须，大耳，细长角对称，蛇形体，有翼，脚有爪，身附壁，所以秦汉时期的龙纹有“珠联璧合”之说。龙的内涵和变现手法发生了重大的变化，龙图腾的原始性开始消失。汉朝时，龙成为天子专用主题的过渡时期。

秦青铜龙

空心砖龙纹

双龙交汇纹饰砖

石中龙纹饰样

鎏金龙凤纹银盘

龙纹乳钉连弧铜镜

彩绘龙鸟纹漆盘

鎏金龙纹玉璧

玉璧，是中国古代玉文化中最为核心的一种玉器，它的存在时间延绵了5000多年。在传统的文化理念中，玉璧象征着美好的意愿和高贵的品质。当年，林徽因设计的国徽图案就是以玉璧为主体的。

我国玉石文化渊源流长，其中又以汉代最为鼎盛。两汉时期，社会安稳，国力强盛，玉器承继战国时代的传统，持续而有所变化和发展，并奠定了我国玉文明的根本格局。在汉玉中我们能看到许多与龙相关的丰富多彩的纹样造型，呈现出清逸脱俗、自在浪漫、恢宏大度的艺术特征，在我国玉器发展史上占有重要的位置。

白玉龙璧

海昏侯墓出土的玉器

因为儒家学说逐渐走向社会正统位置，玉德思维大为盛行，极大地促进了装饰用玉的发展。汉代装饰用玉分为人身装饰和器物装饰两类。

龙纹碧玉佩

四龙玉佩

思考与活动：你知道我国古代“比德如玉”的思想是什么吗？一起说一说。

陕西省博物馆收藏的各种秦汉瓦当

汉代“四方神兽”瓦当实物及其拓印纹样

秦汉时期是中国封建社会的强盛时期，“秦砖汉瓦”是这一历史阶段鲜明的文化符号，是秦汉文化重要的组成部分。

所谓“秦砖汉瓦”是说明这一时期建筑装饰的辉煌。秦代瓦当以莲纹、葵纹、云纹最多。汉代瓦当以动物装饰最为优秀，除了造型完美的青龙、白虎、朱雀、玄武四方神兽以外，兔、鹿、牛和马的造型也是品种繁多。

汉代四方神兽瓦当纹在现代生活中的装饰应用

思考与活动：

你知道汉代四方神兽瓦当的使用方法吗？请你选择其中的青龙和白虎纹样进行临摹学习，体会古人的风格意韵。

第五节　雍容华贵的唐代龙纹

龙纹作为吉祥图案，在唐代深受人们的喜爱。此时也是龙纹的成熟期。由于当时龙纹使用率极高，于是工匠们设计了一些龙纹的典型模式，供制作者参考。这使得唐龙纹出现了图案化、程式化的特点，充满现实的生活气息和瑰丽的气魄。龙形被塑造得更为丰腴壮实，生机勃勃。龙纹也越来越成为统治阶级皇权的标志，从而带上富贵显赫的气息。

此时的龙纹多见于铜镜之上。唐代思想开放，各地文化不断交流，象鼻龙纹特别流行，龙纹与云纹的组合成为此时的一大特色。隋唐时期，尤其是唐代，是一个文化和思想开放的时代，积极吸收外来文化并为其提供一个相对平和的环境，使得这一时期无论在经济、政治还是艺术方面都取得了长足发展，这为龙纹的发展提供了条件。

唐代铜镜上的龙纹装饰

鎏金铁心铜龙

铜龙为铁质，通体鎏金。它身体细长，两只有力的前脚紧扣地面，龙头与上身呈“S”型。龙嘴张开，露出牙齿和弯曲的龙舌，两只圆睁的双眼直视前方，龙角紧贴头部向后伸展，龙尾从高高上扬的后肢处反折向龙头上方。整条铜龙身体流畅，极富动感，体现出唐代龙造型的生动美与气势美。

蟠龙纹刻花银碗图案

金龙纹酒尊

西安出土的唐代刻花银碗底部的蟠龙纹，碗壁用穿枝花葡萄鸟兽纹装饰，底部刻一条蟠龙，为分岔角蛇体形龙纹。身体各部和骨骼结构分明，威武雄壮。

银鎏金龙柄人面胡瓶

金龙

银鎏金凤帽

唐代金器是古代工艺美术中绚丽的瑰宝，以其精湛的制造工艺和丰富的文化内涵代表了中国古代金银器的较高水平。唐代金器图案装饰表现出内容丰富、造型优美、布局合理、装饰形式多样等特点，金器图案装饰内容广泛，龙、凤的形象多装饰于皇家用品上。

石刻龙纹

唐代龙纹富有时代特征，大体可概括为头上两角，多数呈现为三爪龙，四爪龙是少数。龙纹威武雄壮、凤眼优美，龙爪锋利，富态华丽、蓬勃向上，张力十足。

唐代 青铜坐龙

三彩双龙瓶

龙首高颈三彩陶瓶

唐三彩是中国古代陶瓷烧制工艺的珍品，全名唐代三彩釉陶器，是盛行于唐代的一种低温釉陶器，釉彩有黄、绿、白、褐、蓝、黑等色，以黄、绿、白三色为主，所以人们习惯称之为“唐三彩”。因唐三彩最早、最多出土于洛阳，亦有“洛阳唐三彩”之称 。

思考与活动：

唐代铜镜之上多见龙纹应用，造型富有气势和程式化的装饰美感，请选择一幅唐铜镜龙纹样进行临摹学习。

第六节　典雅清秀的宋元时期龙纹

宋代是经济文化相对繁荣的时期，也是陶瓷工艺的飞跃发展阶段。南北窑场林立，名扬中外的五大名窑就是出自此时，是陶瓷史上百花争艳、多姿多彩的黄金时代。瓷器龙纹装饰的使用范围广泛并趋向成熟，有立体的也有平面的。平面的龙纹手法多样，有刻花、划花、印花、贴花和彩绘等形式。

龙纹发展到宋代，其体形变化已基本上形成格局。龙纹图案继承了唐代的一些特点，纹饰趋于纤秀，写实性较强，但题材范围更为广泛，构图也逐渐脱离对称的形式，呈现格调高雅、灵活生动的装饰风格。宫廷用器和民间用器上的龙纹发展并驾齐驱。宫廷用的龙纹突出龙的威严，金碧辉煌、精巧繁缛；民间使用的龙纹寓意吉祥、素雅秀美。

到了元代，龙纹的艺术水平更是达到了一个前所未有的高度。元代画龙更注意形体的协调与美观。龙头小扁长，龙角后伸，龙眉粗壮；细颈，龙躯细长，多呈蛇状；四肢三爪有力。形象总体清秀飘逸，神采飞扬。元青花瓷中，龙纹是常见的纹式。云龙纹大量运用于盘、碗等器物之上。这一时期最典型的造型是海水和龙纹的结合，表现龙游于海水之中。

磁州窑黑剔龙纹长颈瓶

磁州窑黑剔龙纹梅瓶

青白釉蟠螭提梁倒流壶

定窑白瓷龙纹双耳瓶

定窑白釉龙首莲纹净瓶

青花瓷，又称白地青花瓷，常简称青花，是中国瓷器的主流品种之一，属釉下彩瓷。青花瓷是用含氧化钴的钴矿为原料，在陶瓷坯体上描绘纹饰，再罩上一层透明釉，经高温还原焰一次烧成。钴料烧成后呈蓝色，具有着色力强、发色鲜艳、烧成率高、呈色稳定的特点。原始青花瓷于唐宋已见端倪，成熟的青花瓷则出现在元代景德镇的湖田窑。明代青花成为瓷器的主流样式，清康熙时期发展到了顶峰。

蟒龙纹青花扁壶

青花海水龙纹大香炉

霁蓝釉白龙纹梅瓶

青花海水龙纹罐

青花云龙纹罐

龙纹地毯

思考与活动：

青花瓷色彩清丽优雅，是中国瓷器享誉世界的主流品种之一，你喜欢它的风格吗？能否用青花龙纹来装饰一件你喜欢的物品呢？尝试一下，画出设计稿来。

第七节 繁冗巧密的明清时期龙纹

明清时期龙纹已具备成熟完美的意境，龙体盘旋多姿，身体丰腴。民间工艺美术以美化和实用为宗旨，剪纸、蓝印花布、刺绣、挑花、家具、建筑装饰等常用龙纹作装饰。民间所用龙纹和宫廷艺术的龙纹神采风韵显然不同，民间艺术中的龙形象朴素、拙稚可亲，表现的是普通百姓的审美思想和感情；而宫廷艺术中的龙，形象威猛刚烈，严厉可畏，表现的是王权的尊严，带有十足的富贵显赫气息。前者充满普通人民对生活的赞美和对幸福的憧憬之情，后者则用于宣扬皇家威严之需。它们在艺术表现上也各有千秋。明清时期的龙纹多为团龙纹、穿花龙纹、云龙纹、水龙纹、草龙纹等。

龙形象成为统治者的象征，御用瓷最明显的标志就是印有龙纹。五爪龙纹成为皇帝的专用纹样，装饰于明清帝王衣、食、住、行的各个方面。

黄金鸟兽龙柄壶

青花龙纹大碗

黄釉底云龙纹天球瓶

青花海水白龙纹扁壶

五彩龙纹葫芦瓶

青花龙纹大罐

龙旗

乾隆皇帝的龙袍

黄龙旗，即黄底蓝龙戏红珠图，是中国清末(1888～1912)开始采用的国旗，亦是官方正式确立的第一面国旗。

铜鎏金龙纹编钟

清朝发行的中国历史上第一枚邮票

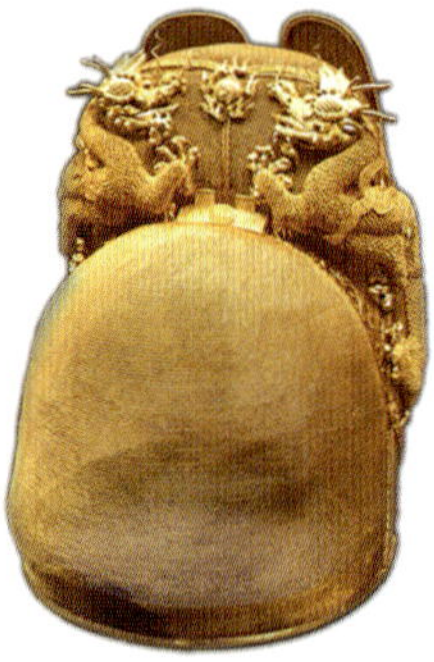

万历皇帝的头冠

石柱头

故宫储秀宫前的清代铜龙

思考与活动：

你知道封建时代皇帝龙袍上总共绣有几条龙吗？为什么过去称皇帝为“九五之尊”？

黄地紫绿彩云龙纹盘

青花龙纹缠枝莲盘

青花鱼化龙图折沿洗

盘为人们常见的日用器皿，最早出现于新石器时代，有灰陶、黑陶、红陶制品。瓷盘始见于商周时期，最早为原始青釉。随着瓷器烧制技术的提高，唐、宋、元各代均有特色发展，装饰方法有印花、划花、贴花、釉下青花等。明中期后开始出现以斗彩和五彩及红釉、黄釉、蓝釉等技法装饰的瓷盘。清代装饰方法最为丰富多样，有斗彩、粉彩、五彩、素三彩，青花及单色釉等。内容多为龙凤、山水人物、花鸟鱼虫和有特殊寓意的吉祥图案。

漆器是一种用生漆涂敷在器物胎体表面作为保护膜的工艺品或生活用品。表面被涂过漆的胎体经过反复多次的髹（xiū）涂后，不仅坚固耐用，而且多样的装饰使器物色泽华丽。

漆树产自中国本土，漆的应用也起源于中国，早在新石器时代，中国就已经开始出现漆器了。中国漆器工艺流传出去，深刻地影响了东南亚和日本的漆器工艺。

红地雕填彩漆团龙纹大捧盒

云龙纹朱漆托碗

剔红龙凤纹十二生肖宝珠帽架

珐琅器是一种集金属制作与珐琅釉料加工处理为一体的复合性工艺制品。它既具备金属贵重、坚固的特点，又具备珐琅釉料晶莹、光滑及适用于装饰的特点。其基本成分为石英、长石、硼砂和氟化物，与陶瓷釉、琉璃、玻璃同属硅酸盐类物质。依据具体加工工艺的不同，又可分为掐丝珐琅器、錾胎珐琅器、画珐琅器和透明珐琅器等几个品种。

掐丝珐琅三羊兽足贯耳瓶

铜胎掐丝珐琅莲纹龙耳熏炉

厚胎掐丝珐琅龙凤器

银雕花卉龙纹炉

龙纹玉盆

思考与活动：

明清时代的龙文化体现在生活的诸多方面，欣赏了这些精美的工艺制品后，请你选择喜欢的工艺品，临摹学习它的龙纹装饰设计，或者尝试用龙纹设计装饰一个圆盘。

拓展资料

一、“龙生九子”的传说

在民间，“龙生九子”的传说流传久远。可是龙的九子到底是什么，却没有很确切的记载。于是，此事让皇帝也产生了好奇心。据说，明孝宗朱佑樘有一次上早朝，突然心血来潮，向以饱学著称的礼部尚书、文渊阁大学士李东阳发问：“朕闻龙生九子，九子各是何等名目？”虽然李东阳学识渊博，但仓促间也没回答上来，令他好失脸面。退朝之后，他左思右想，又向几位同僚询问，最后将民间传说七拼八凑地列出一张九位龙子的清单，向皇帝交了差。明代学人笔记，如陆容的《菽园杂记》、杨慎的《升庵集》、李诩的《戒庵老人漫笔》、徐应秋的《玉芝堂谈芸》等，对九位龙子的情况均有记载，但九子的名字并不统一。历史上还有一种说法：“龙生九子”中的“九”并不是只有九种，而是很多的泛指，所以在九子之外还能看到其他龙子。

我们在此综合一下那些传说，选择影响较大的说法，看看龙之九子都各有何特长。

老大“囚牛”好音乐，被用在琴头上。一些贵重的胡琴头部至今仍刻有龙头的形象，称其为“龙头胡琴”。今天也可以在始建于元代的北京孔庙大成殿里祭孔乐舞所用的乐器装饰上看到，大成殿内的礴钟就有这种造型。

老二“睚眦”(yá zì)擅斗，常被雕饰在刀柄剑鞘上。它不仅被装饰在名将的兵器上，也被大量用在仪仗和宫殿守卫者的武器上。孔庙大成门内侧戟门的兵器上，可看到龙身豺首、好勇擅斗的睚眦。

老三“嘲风”平生好险又好望，成为殿台角上的“走兽”。传说它不仅象征着吉祥、威严，而且还具有“威慑妖魔、清除灾祸”的含义。

老四“蒲牢”好鸣，是用在钟上的“兽钮”。传说，蒲牢受到击打就大声吼叫，因此被安于钟钮之上，助其鸣声远扬。

老五“狻猊”(suān ní)好坐，是佛像座下狮子的造型，香炉上往往也有。相传这种佛座装饰的狻猊，是随着佛教在汉代传入中国的，至南北朝时，其造型又经过了民间艺人的改造。

老六赑屃(bì xì)，又名“霸下”，样子似龟，喜欢负重。霸下是长寿和吉祥的象征，它总是奋力地向前昂着头，努力地向前走。传说上古时代霸下常驮着三山五岳，在江河湖海里兴风作浪。后来大禹治水时收服了它，并为治水做出了贡献。洪水治服后，大禹担心霸下又到处去撒野，便搬来顶天立地的特大石碑，上面刻上霸下治水的功绩，叫霸下驮着，沉重的石碑压得它不能随便行走。

老七“狴犴”(bì àn)好讼，常用在狱门上的衔环铺首。传说狴犴不仅急公好义、仗义执言，而且能明辨是非、秉公而断，再加上它的形象威风凛凛，因此除装饰在狱门上外，还伏在官衙的大堂两侧。

老八“蚣蝮”(gōng fù)擅水性，又名避水兽，爱戏波弄水，长年累月在河水中玩耍，喜欢吃水妖。人们修桥之时，将其放于桥头或桥身，或作为建筑物的排水口。传说它能吞江吐雨，负责排去雨水。在故宫、天坛等中国古代经典的宫殿建筑群里经常可以看到蚣蝮的身影。

老九“螭吻”(chī wěn，也做“鸱吻”)好吞，是用在殿堂脊梁的“龙吻”。传说，螭吻口润嗓粗而好吞，可以用来厌辟火灾，于是便塑其形象在殿脊之上。相传，它在南北朝时由印度传入，是佛经中雨神座下之物，能够灭火。螭吻由此演化而来，所以它多被安在屋脊两头，起到消灾、灭火的功效。

龙的九个儿子，相貌不同，性格不一，爱好各异，虽然最终都没有成为龙，但基本上也算是“人尽其才，物尽其用”了。

除此之外，民间还有其他的龙九子的名字排列，如：

(1)赑屃、狴犴、睚眦、螭吻、饕餮、狻猊、蒲牢、蚣蝮、椒图。

(2)蒲牢、狴犴、睚眦、赑屃、螭吻、饕餮、貔貅、金猊、椒图。

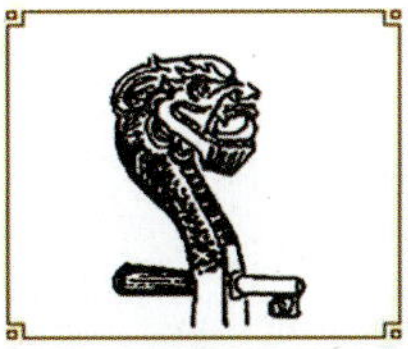

囚牛：性喜音乐，其形为琴杆上端的刻像

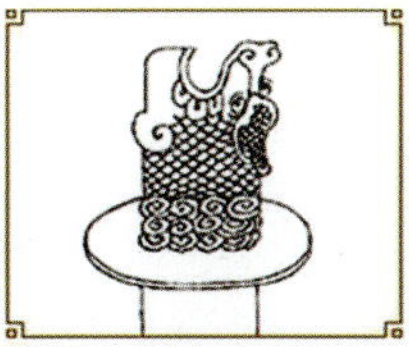

睚眦：平生好杀，喜血腥之气，其为刀柄上所刻之兽像

嘲风：喜好冒险，其因而人铸其像置于殿角

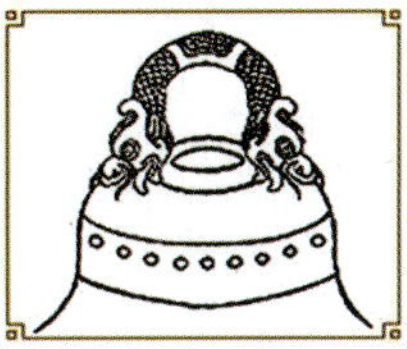

蒲牢：平生好鸣，故而被用作大钟的钟纽

狻猊：喜欢蹲坐，佛像座下的狮子是其造型

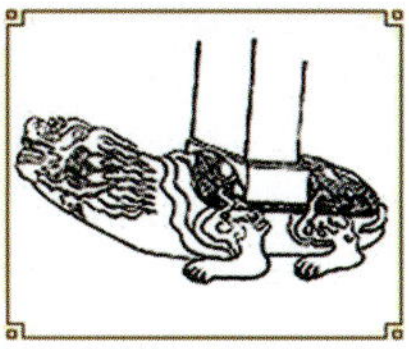

赑屃：力大，喜背负重物，即今刻在石碑下的石龟

狴犴：好讼，用在狱门上的衔环铺首或官衙的大堂两侧

蚣蝮：性喜水，被雕成桥柱上的兽形

螭吻：平生好吞，即殿脊的兽头之形

“龙生九子”的传说

人人都望子成龙，可美好的愿望往往会与现实产生很大的差距。谁能想到，对于望子成龙之事，“中国龙”也很纠结。因为传说中龙虽然有九子，可九子都不成龙，最终都没有成为龙的接班人，而是选择了适合自己的发展道路。桥梁、庙宇、碑石、佛座、香炉、鼎盖等的装饰上，都有龙子的形象，几乎遍布中国各地，成为传统艺术的一大特色。

面对这样结局，那些一心望子成龙的人们，是不是也会受到些启发？

思考与活动：

你能说出下面几幅图中的龙子叫什么名字吗？了解了“龙生九子”的传说故事后，你有什么启发感受？能交流一下吗？

二、中国龙的种类

龙是华夏祖先创造的集合了多种动物形象特征的综合体，是原始社会形成的一种图腾崇拜的标志。在历史长河的演变中，诞生了众多有关龙的神话传说，其中龙的种类就有若干种不同称谓，常见的有如下几种。

（1）蛟（jiāo），一般泛指能发洪水的有鳞的龙。相传蛟龙得水即能兴云作雾，腾踔太空。在古文中常用来比喻有才能的人获得施展的机会。

（2）夔（kuí）龙，想象中的单足神怪动物，是龙的萌芽期。《山海经·大荒东经》描写夔是："状如牛，苍身而无角，一足，出入水则必有风雨，其光如日月，其声如雷，其名曰夔。"在商晚期和西周时期青铜器的装饰上，夔龙纹是主要纹饰之一，形象多为张口、卷尾的长条形，外形与青铜器饰面的结构线相适配，以直线为主，弧线为辅，具有古拙的美感。

（3）虺（huǐ），是一种早期的龙，以爬虫类——蛇为原型想象出来的，常在水中。"虺五百年化为蛟，蛟千年化为龙。"虺是龙的幼年期，曾出现在西周末期的青铜器装饰上。

（4）虬（qiú），一般把没有生出角的小龙称为虬龙，是成长中的龙。古文献中记载："无角曰虬，有角曰龙。"

（5）蟠螭（pán chī），是龙属的蛇状神怪之物，一种没有角的早期龙，《广雅》集里有"无角曰螭龙"的记述。春秋至秦汉之际，青铜器、玉雕、铜镜或建筑上，常用蟠螭的形状作装饰，其形式有单螭、双螭、三螭、五螭乃至群螭多种，或作衔牌状，或作穿环状，或作卷书状。此外，还有博古螭、环身螭等各种变化。

（6）角龙，指有角的龙。据《述异记》记述：“蛟千年化为龙，龙五百年为角龙。”角龙便是龙中之老者了。

（7）应龙，有翼的龙称为应龙，《述异记》中曾记载：“龙五百年为角龙，千年为应龙。”在战国的玉雕，汉代的石刻、帛画和漆器上，常出现应龙的形象。

（8）蟠龙，指蛰伏在地而未升天之龙，龙的形态为盘曲环绕状。在我国古代建筑中，一般把盘绕在柱上的龙和装饰在梁上、天花板上的龙均习惯地称为蟠龙。

（9）青龙，为“四灵”或“四神”之一，又称为苍龙。我国古代的天文学家将天上的星星分为二十八个星区，即二十八宿，用以观察月亮的运行和划分季节，并把二十八宿分为四组，每组七宿，分别以东、南、西、北四个方位，青、红、白、黑四种颜色以及龙、雀、虎、玄武四种动物相配，称为“四象”或“四宫”。龙表示东方，青色，因此称为“东宫青龙”。

（10）鱼化龙，是一种龙头鱼身的龙，亦是一种“龙鱼互变”的形式，这种形式我国古代早已有之。《说苑》中就有“昔日白龙下清冷之渊化为鱼”的记载，《长安谣》说的“东海大鱼化为龙”和民间流传的鲤鱼跃龙门，均讲述了龙鱼互变的关系。这种造型早在商代晚期便在玉雕中出现，并在历代得到发展。

弓形夔龙佩

夔龙纹是周朝早期青铜器上的主要纹饰之一，侧面形象为张口、一足、卷尾，与爬行动物鳄较为接近。受青铜器影响，古代玉器、珐琅器以及家具等工艺品中经常使用简洁、明快的侧身夔龙纹做辅助装饰，俗称“拐子龙”。

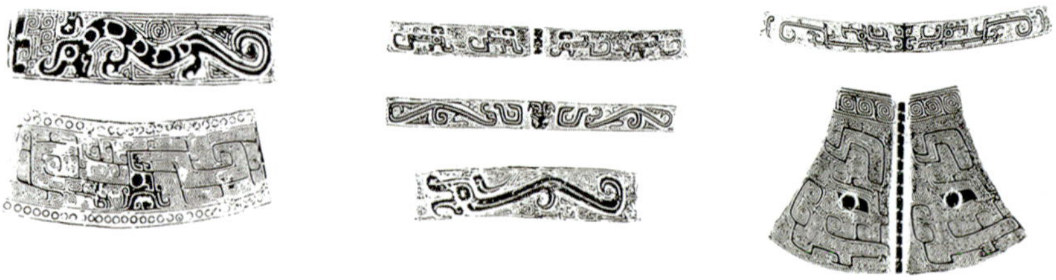

青铜器上的夔龙纹

蟠螭纹是传统装饰纹样的一种，是中国青铜器上的装饰。螭是传说中的一种没有角的龙，张口、卷尾、蟠屈。有的作二方连续排列，有的构成四方连续纹样。一般都作为主纹使用。

青白釉蟠螭提梁倒流壶

古代玉器上的蟠螭纹

应龙

鱼化龙

思考与活动：

你能利用资料说一说中国龙在历史上大体有哪些类型吗？自己尝试找到图片资料进行赏析。

第二章　现代生活中龙文化的缤纷呈现

龙纹在中国具有广泛的社会基础，走遍中华大地，到处都可以寻找到龙纹的身影。对于现代设计而言，龙纹是经久不衰的非常珍贵的艺术题材。龙纹作为中华民族的象征纹样，体现民族精神的同时更能展现华夏民族深厚的文化底蕴。理解、把握龙纹的真正含义，并用于现代生活的美术设计中，是需要我们不断深入学习、研究发展的。

第一节　龙的形象在现代标志设计中的广泛应用

中央气象台台标

中国探月

气象台台标整体是一个圆，圆代表了全球化、国际化，中间图形为一条抽象的龙，又似汉字“气”的形态，同时隐含太极阴阳的结构。龙在中国古代神话传说中是治水和布雨的神，用恰当而丰富的中国传统文化符号体现准确的象征寓意。

中国探月标志以中国书法的笔触，抽象地勾勒出一轮圆月，一双脚印踏在其上，象征着探测月球的梦想，圆弧的起笔处自然形成龙头，象征中国航天如巨龙腾空而起，表达了中国和平利用空间的美好愿望。整体图形由一弧两点巧妙地形成“月”字，写意的笔触旨在传达一种探索的信念。

其他标志欣赏

> **思考与活动：**
>
> 分析理解标志作品中设计师的创意思路，参考优秀范例，尝试临摹或设计几个含有龙形象的标志。

第二节　城市公共雕塑中龙形象的设计应用

北京中央广播电视塔广场

河南濮阳中心广场

重庆铜梁人民公园

聊城腾龙广场

营口鲅鱼圈港

兰州龙文化公园

长沙湘江大道四羊方尊广场

河南安阳殷墟博物馆广场雕塑

思考与活动：

在生活中你还见过哪些城市广场雕塑有龙的形象？它们都表达出一种怎样的精神和情感？尝试与大家一起交流探讨一下。

韩美林龙题材艺术作品欣赏

韩美林是我国当代著名的工艺美术大师，他从中国传统装饰艺术中汲取营养，又广泛融入民间艺术的精华，发展出具有鲜明个人风格和时代特点的艺术语言。其众多作品中，常见以龙凤为主题的雕塑、工艺品和彩墨绘画。其装饰性的风格在中国现当代雕塑艺术中独树一帜，为城市和自然创造了新的人文景观，下面是他设计的一些优秀作品。

雕塑《钱江龙》

雕塑《太极》

雕塑《九龙盘珠》

龙主题的彩墨装饰画

雕塑《龙盈乾坤》

雕塑《祥瑞辐辏》

第三节　室内摆件中各种龙题材的艺术品

《中华世纪龙》奖杯

《龙飞福舞》工艺品

仿古树脂工艺摆件

现代材料的发展与制作工艺技术的提高，为造型艺术家们提供了更为广阔的表现空间。利用各种材料创作的龙主题艺术摆件，也受到人们的喜爱，成为家居装饰和馈赠礼品的常见选择。

生肖龙年贺岁礼品

大红釉纯金漆线雕龙瓶

思考与活动：

欣赏分析龙题材工艺摆件的精神寓意。尝试以龙为主体设计一个奖杯，画出造型设计稿并附理念简介。

第四节　现代服饰设计中龙纹的应用与体现

从衣、食、住、行的排序中可以看出人们对服饰文化的重视，中国龙凤文化与服饰的结合有着悠久的历史与传统，在现代服饰设计中也常常见到继承与创新发展的应用。

国际时装表演中的龙凤纹设计

云龙纹服饰

云龙纹是龙纹的一种，以龙和云（水）组成纹饰。其构图上龙为主纹，云（水）为辅纹，龙或做驾云疾驰状，或在云水间蟠舞，象征祥瑞。云龙纹始现于唐宋五代时期，元、明、清瓷器上更为多见。现代服饰设计中，常见对传统云龙纹进行简化和改良，赋予其现代审美格调。

旗袍，中国女性的传统服装，被誉为中国国粹和女性国服。在其上以传统云龙纹为基础进行装饰美化设计，体现出浓郁的中国文化风情。

龙纹旗袍的样式

以传统龙纹进行装饰设计的提包

各种造型的龙纹首饰设计

以龙纹装饰设计的各种男式T恤

思考与活动：

欣赏了各种利用传统龙纹进行设计的现代服饰作品，你有启发吗？尝试自己也设计一款龙纹服饰作品，可先画设计稿，有条件的也可尝试实物制作。

第五节　乐器上的龙纹饰

民族乐器是传统文化的瑰宝，在流传至今的民族乐器上，常见用龙纹进行装饰美化的例子，甚至在一些传统西方乐器上也时常可见，体现出龙文化在音乐领域的广泛影响。

龙饰琵琶

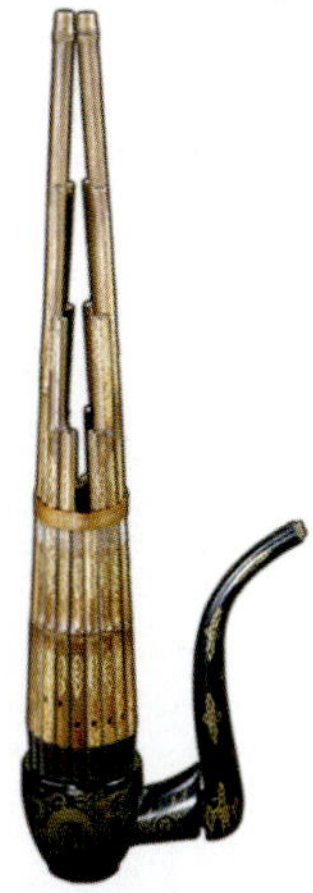
龙饰古笙

龙饰古筝

龙头二胡

龙鼓

陶埙

排箫

云龙纹装饰的钢琴

龙饰萨克斯

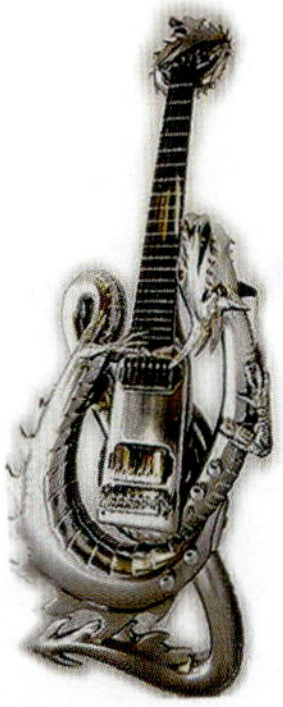
龙饰电吉他

第六节　文房用品里的各种龙饰物件

由于中国文化形成了使用毛笔宣纸的书画传统，文人书房必备一些基本的书画工具，其中常见以龙的形象进行装饰美化设计的器物，深得人们的喜爱，是传统文化传承的重要载体。

雕龙笔洗

龙饰印泥盒

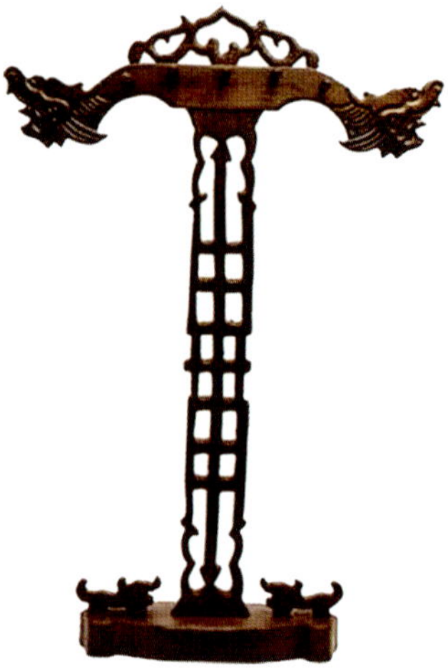

龙头笔架

象牙雕龙笔筒

雕龙杆毛笔

雕龙石镇纸

龙钮印章

雕龙砚台

思考与活动：

你喜欢图例中哪件器乐或文房用品的装饰设计呢？你在生活中还见过其他类似的龙纹装饰的物件吗？交流一下，并尝试画出设计草图来进行介绍说明。

第七节　茶艺中的龙文化

我国是茶的母国和大国，有着历史悠久灿烂的茶文化，是中华传统优秀文化的重要组成部分。在茶器之中，茶壶无疑是茶文化的重要载体。

茶壶的造型设计与龙题材创意融合，利用各种材质和塑、雕、刻等不同手法表现制作，诞生了许多优秀的作品。

龙题材的紫砂壶

中华龙壶

龙饰茶杯

龙纹茶叶罐

中华龙壶是由当代民间发明家季汉生创意设计、中国工艺美术大师曹安祥制作的一款同时能泡两种茶水的紫砂鸳鸯茶器，有“一国两制”的寓意，是壶艺史上的一大艺术杰作。目前，此款国宝级茶具已被赠予多位国家元首和地区领导人，被誉为“现代国宝”。

紫砂壶是一种典型的手工艺陶器，是中国陶瓷艺苑中一颗璀璨的明珠。紫砂陶泥具有砂性，所制作的陶器内外均不施釉，制品烧成后主要呈现紫红色，因而被称为紫砂。其造型式样极为丰富，陶器色泽古朴典雅，器物表面还常镌刻诗文书画作为装饰，成为一种具有高雅气质和浓厚文化传统的实用艺术品，从一个方面鲜明地反映了中华民族的造型审美意识。

思考与活动：

壶的造型设计是茶文化中的重要内容，你能尝试设计一个有创意的龙饰茶壶吗？请画出设计稿。

第八节　现代邮票设计中的龙文化

邮票的方寸空间，常体现出一个国家或地区的历史、科技、经济、文化、风土人情、自然风貌等特色，这让邮票除了具有邮政价值之外还有收藏欣赏价值。世界上最早的邮票是英国罗兰·希尔爵士发明的黑便士，中国最早的邮票则是清朝的大龙邮票。

中国邮政发行的第一轮生肖龙纪念邮票

“戊辰年”邮票上的龙不以雄姿惊人，不以威猛慑人，而以亲切、活泼取胜。设计者综合了木版年画、剪纸、刺绣等几种民间艺术的特长，使笔下的龙色彩绚丽，雅致可爱。

中国邮政发行的第二轮生肖龙纪念邮票

第二轮生肖龙票以书法和秦汉龙纹作为基础，呈现出飘逸和灵动的气质。

第三轮邮票设计者陈绍华说，龙纹造型来源于故宫中皇帝龙袍前胸的织绣正金龙图案，并参考了清代琉璃九龙壁的造型及色彩，选取了最中间的那条，采用了正面角度，力求表现出龙的雍容与威严。

中国邮政发行的龙文化纪念邮票

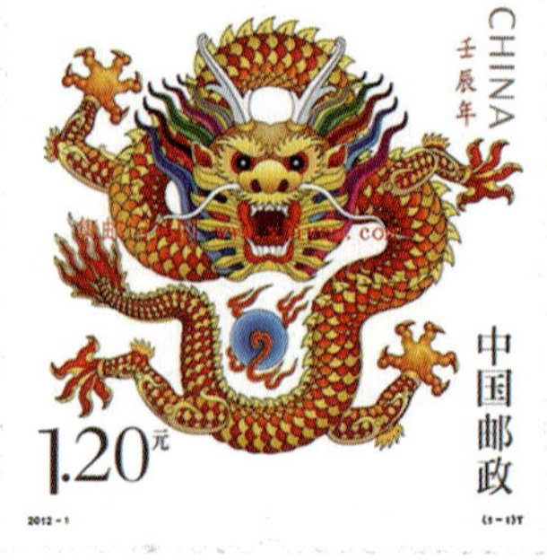

中国邮政发行的第三轮生肖龙纪念邮票

随着中国国力的提高，中国文化在世界上的影响也越来越广泛，每到中国农历新年来临之际，一些国家和地区纷纷发行生肖纪念邮票，中国龙年的生肖纪念邮票也已遍布世界各地，各具特色，异彩纷呈。

美国

泰国

中国香港

中国澳门

阿塞拜疆

加拿大

中国台湾

巴西

日本

越南

老挝

菲律宾

思考与活动：

欣赏了各国艺术家们设计的不同风格的生肖龙年纪念邮票，你从中受到启发了吗？临摹学习一下你最喜欢的风格，并尝试自己设计一枚有创意的龙年纪念邮票。

澳大利亚

韩国

新西兰

塞尔维亚

克罗地亚

第九节　中国画中龙形象作品欣赏

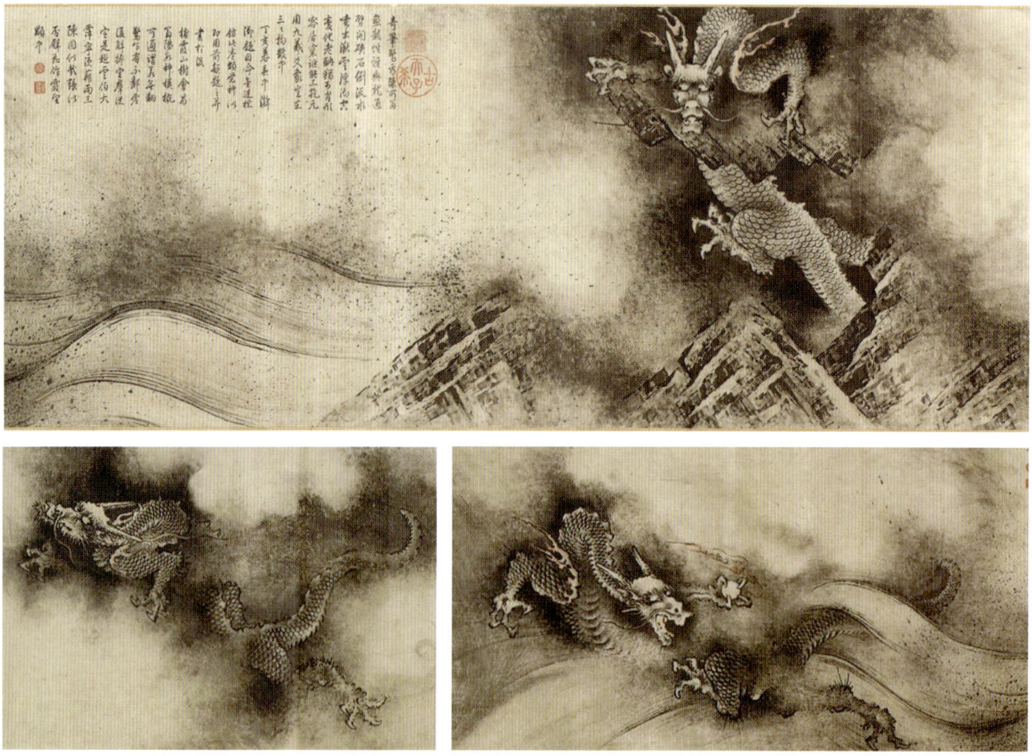

《九龙图》（长卷，纸本水墨）（局部）　南宋　陈容

《九龙图》由陈容作于南宋淳祐四年（1244），现藏于美国波士顿美术馆。有评论说，《九龙图》开元代以后诗、书、画三位一体的先河。此图共画九龙，九条形态各异的龙怒目圆睁，或游行于云空之中，雷电云雾掩映；或龙戏水珠、波涛汹涌；或雌雄相待，欲追欲逐；或老龙仰首眷顾小龙，小龙嬉戏于旁；或分置于山石、云雾和急流之中，将龙的种种神态情势刻画得非常生动。

《龙》徐悲鸿

《长龙》（小品画）齐白石

《龙之魂》范增

《画龙点睛》黄永玉

《青龙迎珠》 郑家声

第十节　现代插画艺术中龙形象作品欣赏

插画在中国被人们俗称为插图。通行于国外市场的商业插画包括出版物配图、卡通吉祥物、影视海报、游戏人物设定及游戏内置的美术场景设计、广告、漫画、绘本、贺卡、挂历、装饰画、包装等多种形式。延伸到现在，还包括网络及手机平台上的虚拟物品及相关视觉应用等。

插画是运用图案表现的形式，本着审美与实用相统一的原则，尽量使线条、色彩和形态清晰明快，制作方便。

现代儿童绘本中的龙形象作品

莲羊，本名吴洋，青年艺术家，新学院派中国风女插画家、漫画家。中日动漫交流协会高级顾问，擅长绘制中国传统文化题材，尤擅绘龙，被业界誉为“中国最年轻的造龙师”。作品题材多以中国民间传说和神话为主，整体绘画手法融入了版画、年画和国画的特点，大量优秀作品被海内外收藏。

莲羊的龙题材插画作品

第十一节　民间剪纸艺术中的龙题材作品欣赏

剪纸，又叫刻纸，是一种镂空艺术，也是中国最古老的民间艺术之一。其在视觉上给人以透空的感觉和喜庆的艺术氛围。剪纸的载体可以是纸张、金银箔、树皮、树叶、布、皮革等。

剪纸在中国农村地区是历史悠久并且流传很广的一种民间艺术形式。这种民俗艺术的产生和流传与中国农村的节日风俗有着密切关系，逢年过节或新婚喜庆，人们会把美丽鲜艳的剪纸贴在雪白的墙上或明亮的玻璃窗上、门上、灯笼等物品上，节日的气氛便被渲染得浓郁欢快。

剪纸艺术是中国民间艺术中的瑰宝，已成为世界艺术宝库中的珍藏。质朴、生动有趣的艺术造型，有着独特的艺术魅力。其特点主要表现在空间观念的二维性、刀味纸感、线条与装饰、写意与寓意等许多方面。

形状各异的龙题材民间剪纸

第十二节　吉祥物和卡通漫画中龙形象的设计欣赏

吉祥物又叫萌物，通过对象征物进行富有寓意的造型表现，寄托人们内心祈福的心理需求，体现人们向往和追求幸福美好生活的一种情感。吉祥物是人类原始文化中的产物，体现了人们趋吉避邪的本能观念。现代吉祥物一般注重表现欢快活泼、可爱喜庆的视觉效果。

卡通，是英语单词“cartoon”的汉语音译，作为一种艺术形式最早起源于欧洲。卡通漫画要求造型夸张与变形，线条简洁流畅。内容强调讽刺、机智和幽默欢快，可附加也可无文字说明。

第29届潍坊国际风筝会吉祥物

《龙行天下》卡通漫画

故宫吉祥物壮壮和美美

思考与活动：

吉祥物在现代社会生活中有着广泛的应用，欣赏了艺术家们设计的各种风格的龙的吉祥物后，你喜欢它们吗？临摹学习一个你喜欢的造型，并尝试创作一幅。

第十三节　现代生活中龙文化的其他体现

生肖龙年发行的纪念币

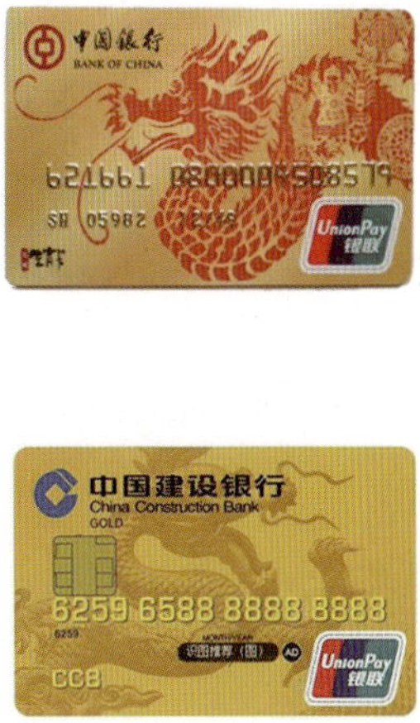

银行发行的龙卡

婚庆场合龙凤形象的应用

中国网球公开赛的男子冠军杯“中国之杯”

手机

手表

U盘

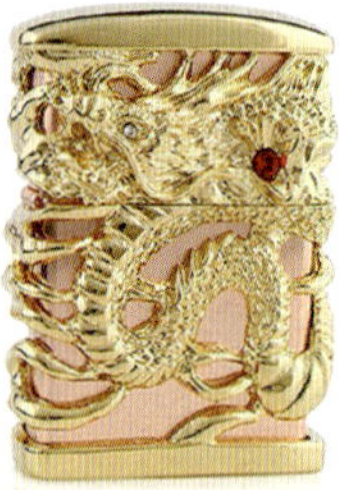
打火机

钥匙环

钢笔

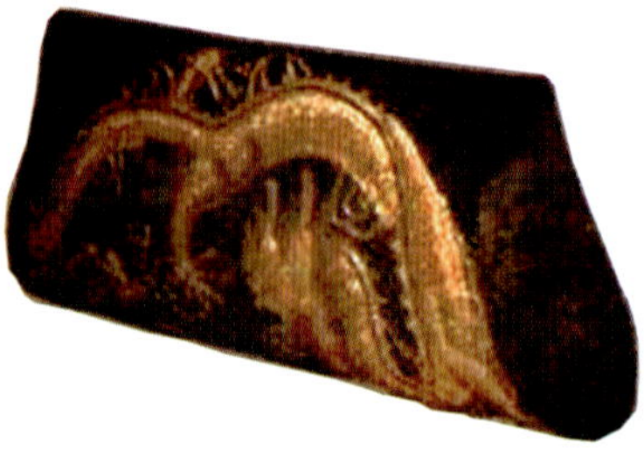

各种生活用品上的龙纹装饰设计

在国事访问活动中，武汉中学学生馈赠给英国首相汉绣“龙凤呈祥坤包”，展示了中国传统龙凤文化的精彩和魅力。

思考与活动：

龙文化在现代生活中有着广泛的存在和影响，欣赏了众多用龙纹装饰的生活用品之后，对你的设计思路有所启发吗？自己尝试用龙的主题来装饰一件身边的生活日用品，画出设计图来。

下篇　凤的祥瑞——久远的凤文化

凤凰，亦被称为朱鸟、丹鸟、火鸟、鹍鸡等，是中国古代传说中的百鸟之王，在中华文化中的地位仅次于龙。凤凰羽毛美丽，是人们心目中的瑞鸟，天下太平的象征，它与龙一起构成了龙凤文化。如同龙是封建帝王的象征一样，凤凰也成为后妃的符瑞。这种美丽而又神奇的巨鸟，尽管是不存在的虚拟生物，却一直是中国古代先民崇拜的对象。人们认为她能带来光明，让祥瑞降临于世，故而几千年来，中国人一直把凤看作是美丽和幸福的化身。

既然凤凰是美丽神灵的化身，人们在衣、食、住、行的多个方面，便都喜爱用凤凰作装饰纹样。凤凰题材常常被应用于宫廷和民间的各种各样的工艺美术品上，历代工匠画师、民间艺人以极其丰富的想像力和艺术刻画能力，创造性地描绘出各式各样、多姿多彩的凤凰纹样。艺术家集天下鸟类之美丽于凤凰一身，遂使它的形象更加完美无瑕。在中国装饰艺术史上，凤凰纹样以其独特的表现形式和艺术魅力，成为中华民族的文化象征之一，当之无愧。

漆盒上的凤纹

织物上的凤纹

第一章　凤的神话和起源

古老的神话，常常是古代艺术衍生的土壤。中国最早的凤纹，也毫不例外的和中国远古时代的神话有着密切的“血缘”关系，主要存在两种说法。

一是玄鸟图腾说。诗曰：“天生玄鸟，降而生商。”所谓玄鸟即是凤鸟，就是说天上神凤降临而商朝出现。凤鸟同龙蛇一样，是中国古代民族的图腾。新石器时代的彩陶上描绘的一些鸟纹，就是凤的形象的雏形。后来，凤纹越来越普遍而清楚地镌刻在商周时期的青铜器上，不仅作为一种实用图腾标记，而且逐渐被推广成为美的艺术形象。

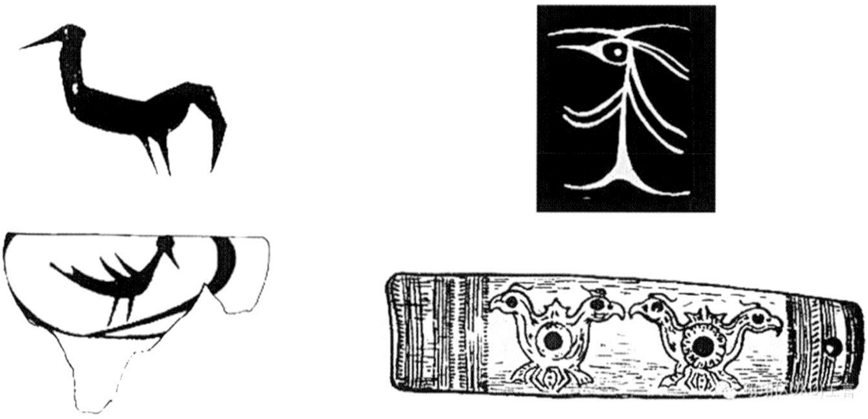

新石器时代出土文物上的远古装饰凤纹

二是彩鸟祥瑞说。此说源于《山海经·南次三经》：“穴之山，其上多金玉，丹水出焉，而南流注于渤海。有鸟焉，其状如鸡，五彩而文，名曰凤凰……是鸟也，饮食自然，自歌自舞，见则天下安宁。”《异物志》也说：“其鸟五色成文，丹喙赤头，头上有冠，鸣曰天下太平，王者有道则见。”后世人便一直认为，五彩鸟如果一出现，就是凤无疑，它象征着祥瑞，如《汉书》《后汉书》《三国志》及《晋书》中都曾记载五彩鸟的出现之事。秦汉以来，凤鸟的形象大多是这种神化的美丽巨鸟。汉代的《山阳麟凤碑》上刻有凤凰形状，下面注曰："天有奇鸟，名曰凤凰。"四川出土的"凤凰出"画像砖，在长方形砖体上镌刻了一只娟秀美丽的长尾大鸟，"凤皇"两字在头部前方，"出"字在尾后下角处（左下）生动地反映了当时人们渴望见到凤凰出现的愿望。1973年在内蒙古和林格尔出土的汉代壁画中，一只大鸟身旁伴随着五只小鸟，在大鸟颈下榜题"凤凰从九韶"五字。以上这些图纹和描述，集中地体现了当时人们心目中的凤凰形象和实质。

"凤凰出"画像砖

凤凰壁画

第二章　凤凰形象在历史长河中的演变

第一节　商周与春秋战国时期

商周时期，凤凰被视为一种神鸟，故在奴隶主使用的玉器和青铜器上，凤纹的刻画突出地表现出统治者的“天命”观念。这时的凤纹几乎都作花冠状，丰满的翅膀和长长的尾羽，宽大有力的爪，大多以雄浑、肃穆、稳健的形象出现，显示出一派勇武健硕的形态，体现了奴隶制社会等级森严、凝重保守的风气和当时的审美情趣。如青铜器父丁卣腹部和父乙觥腹部的凤纹，其式样都具有代表性。

商代晚期　父乙觥

觥是盛酒器。父乙觥由盖、身、鋬和圈足等几部分组成。此器集多种动物纹样于一身，是将精美的艺术设计和器物的实用性高度统一的一件瑰宝。

凤纹父庚觯及局部展开的凤纹图案

青铜器上的各种凤纹

春秋战国时期，凤凰装饰纹样与器物的造型十分和谐，主要以实用为主，一些凤纹常与云纹、花草纹相结合，极具动态之美。

人物龙凤帛画中的凤凰造型

丝织品上的凤凰纹样

漆奁盖上的凤纹

思考与活动：

1. 比较青铜器上的凤纹和战国漆器上的凤纹，你能感觉到造型风格有明显的不同吗？试用语言文字分析一下不同之处。

2. 选一幅你喜欢的凤纹临摹学习。

彩绘虎座鸟架悬鼓

第二节　汉代凤纹

在汉代各种工艺品和建筑装饰上，自然界的鸟几乎都被用作图案纹样，如雁、燕、鹰、凫、鹤、鹦鹉、孔雀、锦鸡、喜鹊、乌鸦、麻雀、鹭、鹳、鸳鸯、鸱枭等。但是，最鲜明而富有时代特征的是凤凰、鸾鸟、朱鸟、朱雀等一类神化的瑞鸟纹样。这些能给人们带来祥瑞和兆庆的神鸟，在装饰物上占有极其重要的位置。这些凤鸟形体大方，挺胸展翅，高视阔步，气宇轩昂。如四川成都凤凰山和渠县出土的石刻朱雀纹样及河南、山东、徐州出土的画像石上的各种凤鸟、朱雀纹样，都充分体现出汉代凤鸟形象的动态与气势。

画像石上的凤凰纹样

丹凤空心砖上的丹凤纹样

石碑上浮雕的朱雀纹样

瓦当上的凤纹造型

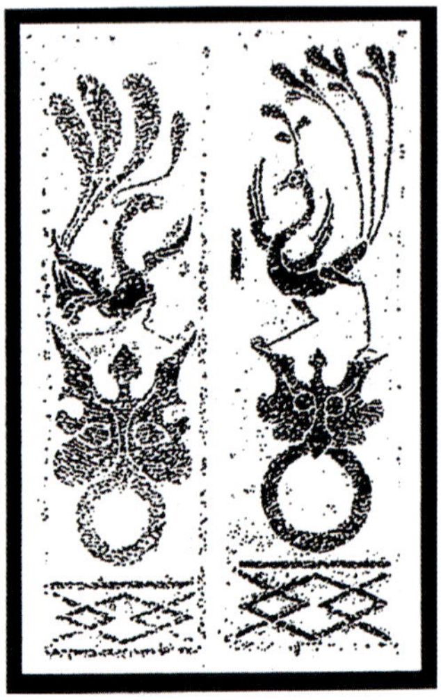

画像石墓雕刻的朱雀纹样

朱雀衔环杯

彩绘云气朱雀纹漆奁

汉代凤纹的另一个显著特征是，按不同的装饰物类型而采用适合的造型，如汉代漆器上的凤纹样，汉代瓦当、画像石上的凤鸟纹样与汉代青铜器上的凤纹样分别具有不同的个性特色。即使是一方小小的肖形印凤纹图案也别具风韵，其简洁、拙朴、浑厚的形式美至今仍为人们赞赏和称道。

双凤玉佩

浮雕的朱雀纹样

白玉螭凤纹玉佩

画像石上的凤纹

汉代的各种凤纹肖形印

思考与活动：

汉代的建筑瓦当纹丰富多彩而富有艺术魅力，你知道什么是“瓦当”吗？它有什么作用？

汉代肖形印中有许多的凤形纹样设计，选一个自己喜欢的。尝试用橡皮临摹刻制一幅进行拓印练习。

第三节　唐代凤纹

唐代凤纹在中国封建社会中灿烂一时。当时装饰艺术的形式感更加强烈，凤纹的造型更加“鸟体”化。许多铜镜上的凤纹都轻歌漫舞、生机盎然，充满快乐情趣。成双成对的“鸾凤”，嘴上衔着一条打有同心结的飘带，和鸣祝颂，象征着美满幸福。这自然和辉煌的盛唐的物质文化生活息息相关，反映出歌舞升平的气象。另外，我们从唐代头饰及敦煌佛窟中出现的凤鸟图案上可看到唐代凤纹进一步与人们的生活情趣相和合的现象，如女性头部装饰的金钗花冠上，凤纹以特有的丰腴容姿出现，反映出时代的品味。

铜镜上的凤纹

瓷器上的凤纹

敦煌壁画人像头戴的凤纹饰

唐代三彩凤首壶

纯金凤纹粉盒

香炉球上镂刻的凤鸟卷草纹样

凤纹铜镜

唐代是封建社会的黄金时期，唐代的工匠以其惊人的智慧和巧夺天工的手艺，描绘出一个个优美动人的画面，将唐代装饰艺术推向高峰，为后人留下了珍贵的民族文化遗产。

纯金花卉凤纹凤首壶

工艺品上的凤纹装饰

思考与活动：

通过欣赏学习，你知道唐代凤纹与生活情趣相结合主要体现在哪些方面吗？你能举出几个例子吗？

第四节 宋元两代的凤纹

宋元两代的凤纹同样具有各自的特点。自唐代以后，中国瓷器工艺的发达，使凤纹获得了更加广阔的发展天地，宋元两代的凤鸟装饰纹样，都可从瓷器上找到许多优秀例子。如宋代江西吉州窑凤菊纹瓷枕，元代的凤纹罐和青花凤首壶，“凤喜牡丹”执壶纹样等，都极为典型。宋代装饰艺术在观念形态上偏重寓意，喜用柔和的线条，显示怡然自得的情调。凤鸟纹样也多体现吉庆如意的民俗思想愿望和气息。如政和年间的“凤穿牡丹”图案已渐渐地成为程式化的表现方式之一。

元代瓷器装饰成熟，凤纹的种种表现都富有艺术性，有些形象随手画来，浓淡得宜，明快流畅。

凤穿牡丹图案

传说凤为鸟中之王，牡丹为花中之王，丹凤结合，象征着美好、富贵、光明和幸福。民间常把以凤凰、牡丹为主题的纹样，称之为“凤穿牡丹”“凤喜牡丹”及“牡丹引凤”等，视为祥瑞、美好、富贵的象征。

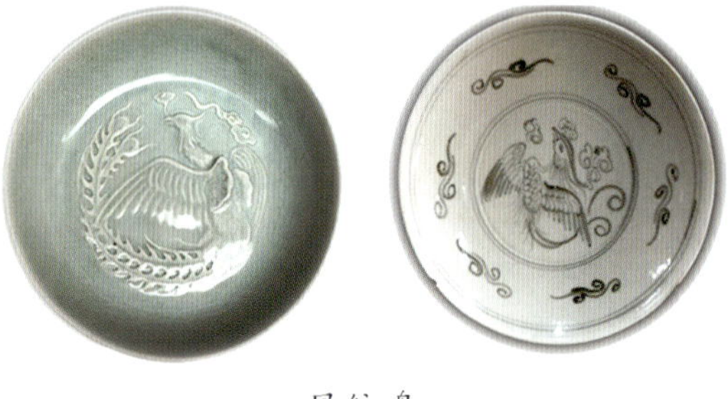

凤纹盘

凤纹婴戏图梅瓶

凤纹青瓷瓶

凤菊纹瓷枕

釉里红缠枝莲凤纹罐

五彩掐丝凤纹双耳花瓶

青花凤纹荷叶盖罐

在中国陶瓷发展史上，元代是承前启后的一个重要时期，此时期青花和青花釉里红逐渐兴起，政府设立枢府专门管理烧造瓷器，枢府烧出的白瓷为甜白釉色，被后世称为“枢府瓷”。枢府瓷以及彩瓷大量流行，白瓷这时成为瓷器的主流，釉色白泛青，带动了以后明清两代的瓷器发展，取得很高的成就。元代瓷器明显具有草原民族的独特风格，在瓷器的器形上创新烧制了许多蒙古族特有的造型，单色釉也比前代精美。

黄釉青花凤纹执壶

青花凤首壶

思考与活动：

欣赏了宋元各种瓷器上的凤纹设计后，请选择一个喜欢的造型临摹或参考后再设计。

第五节　明清凤纹

明清凤纹是凤纹发展的成熟时期。凤纹纤细工整，华美写实。凤首描绘细腻，凤目清晰传神，颈如鸡，足细长，翅圆润，丝羽分明，凤尾成飘带状或孔雀翎状，有的像菊花一样呈动态上扬，展开后层次分明，尾羽飘动，婀娜多姿。生活服饰品中以凤为名的物件不可计数，皇后的用品诸如龙凤袍、凤冠、凤辇、凤驾、凤床等都冠以凤名。

明代皇后凤冠

清代皇后凤冠

秦良玉战袍及其袍上的凤纹

2008年北京奥运会火炬服

火炬服服装上的凤纹原型源自秦良玉战袍及其袍上的凤纹。

凤在明清时期还是女性最高地位的象征，是居龙纹造型之后最具权威与代表性的宫廷纹饰，因此凤纹形象被广泛应用在瓷器等日用物品上。纹饰造型精美，按纹饰的组成分成双凤、团凤、夔凤、凤凰牡丹纹、龙凤纹等，此时凤纹的表现基本上贯穿整个时代的瓷器生产，留下大量艺术珍品。

五彩龙凤纹花口大洗

厚胎掐丝珐琅器双凤烛台

青花凤纹竹节执壶茶壶

青花釉里红凤穿花纹壮罐

青花凤穿牡丹纹罐

各种圆形装饰的“团凤”图案

到了明清时期，凤纹装饰已经成为一种特定的造型，无论在圆形、方形还是各种各样的装饰形体内，纹样构成都各具其内在形式，凤纹的共性形态也进一步规范化。如明清的”团凤”图案，最是独具一格的装饰形式，它与织物上的“团花”、器物上的“开圆”相适配，表现出特有的装饰风格。

青花缠枝胭脂红凤纹扁瓶

思考与活动：

明清的“团凤”图案非常著名，请选择你喜欢的“团凤”图案进行临摹学习和表现。

第三章 凤凰形象在现代社会中的表现

随着时代的发展，凤鸟纹样在中国这块古老的土地上已经历了数千年的演变，今天仍在不断创造着新的形式，呈现在社会生活的各个设计领域内。崭新的凤鸟纹样不仅富有鲜明的时代气息，同时也牢牢地保持着中华民族传统的审美情趣，新的凤纹必将焕发出更美丽的光彩，为中国传统艺术发扬光大而做出贡献。

第一节 现代标志设计中凤凰形象的应用

思考与活动：

赏析图中的标志及其设计理念，尝试临摹或创意设计几个凤凰造型的标志。

第二节　现代城市雕塑中凤凰主题的表现

青岛金沙滩金凤凰雕塑

青岛李村公园火凤凰抽象雕塑

聊城金凤广场主题雕塑

海南三亚火凤凰雕塑

临沂市凤凰广场主题雕塑

思考与活动：

现代城市雕塑中，常见凤凰主题的应用，你能领会它们的寓意吗？尝试为我们的社区广场也设计一款富有创意和艺术美感的凤凰题材的雕塑，画出设计稿。

第三节　现代工艺品中各种凤凰题材的应用

龙凤呈祥金镶玉摆件

龙凤呈祥高脚酒

百鸟朝凤珊瑚瓶

龙凤呈祥红釉瓶

翔凤化妆品包装瓶

百鸟朝凤装饰画

百鸟朝凤粉彩瓷瓶

思考与活动：

现代生活中应用凤凰形象的各种工艺品广泛存在，你能找出一些其他的例子吗？尝试利用凤纹为生活日用品进行创意美化设计。

第四节　现代服饰设计中凤纹的应用

新娘的婚礼礼服

凤纹装饰的首饰

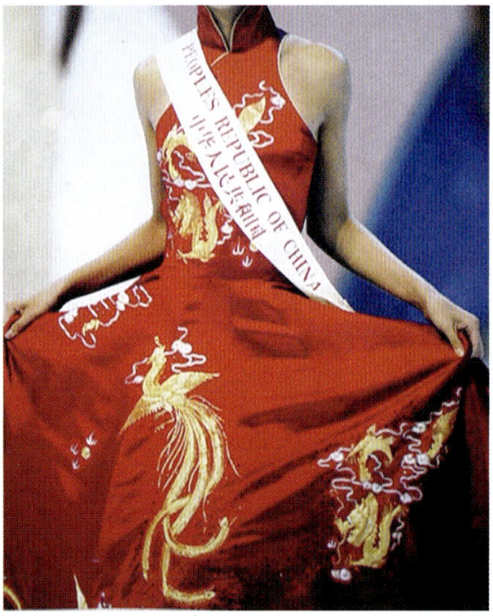

世界小姐的选手服装

凤纹装饰的女士手提包

百鸟朝凤图案的女士高跟皮鞋

> **思考与活动：**
>
> 服饰是民族情感和文化的重要载体，是体现民族风格和精神的重要领域。凤纹的表现和应用有着久远的历史，你能参考资料设计一款现代凤纹服饰品吗？尝试画出设计草稿。

第四章 凤凰涅槃的神话故事

凤凰涅槃原本是源自外域的神话传说，并非中国传统意义上的凤凰，但随着文化的交融，中国民间也逐渐认可其中的寓意和象征。相传凤凰每500年自焚为灰烬，再从灰烬中浴火重生，循环不已，成为永生。寓意凤凰是人世间幸福的使者，每500年它就要背负着积累于人世间的所有不快和仇恨恩怨，投身于熊熊烈火中自焚，以生命和美丽的终结换取人世的祥和与幸福。同样，它们只有在肉体经受了巨大的痛苦和磨练后，才能以更美好的躯体重生。

凤凰涅槃——凤凰浴火重生，可以引申为一种不屈不挠的奋斗精神和坚强的意志，寓意不畏痛苦、义无返顾、不断追求、提升自我的执着精神。也可以比喻一个人在漫长的成长过程中，经历了人世间的苦痛后，从浮躁、消沉、死灰一般的状态变得成熟、稳重而坚强。

“500年”是一种比喻，指漫长难熬的时间，如华夏文化中“九”不只是九而且有众多的意思。

郭沫若先生曾作诗歌《凤凰涅槃》，借鉴西方不死鸟的传说为素材，通过凤凰涅槃、浴火重生的故事，表达了彻底埋葬旧社会、争取祖国解放的思想和诗人对自由、平等、和谐的新社会的无限向往。

城市公共雕塑中的火凤凰造型

现代标志设计中的火凤凰形象

结束语

龙凤文化与中华文明根脉相连，其形象穿越数千年的时光，延续到今天依然繁衍活跃在华夏大地的各个角落，为民族的精神注入了强劲的生命力，成为中华民族的精神象征和文化标志。龙凤形象从两个不同的方面展现着中华文明追求卓越的精神。龙代表着力量、尊贵和权威，象征着中华民族刚毅进取、万难不屈的一面；凤代表着祥瑞、和畅和美丽，象征着中华民族仁慈、宽厚、智慧灵秀的一面。龙凤文化作为中国传统文化的重要组成部分，为民族文化血脉的发展和延续保驾护航。

探讨学习龙凤文化旨在使同学们能够弘扬中国优秀传统文化精神，融合古今智慧，丰富我们的精神世界和人文素养，从而推进中华文明进一步发展。让吉祥和美伴随着我们的新时代，让和谐强大成就我们的新时代，进而让中国文化走向世界，影响世界。